Impressum
Verlag: BABADADA GmbH, Nedderfeld 112 , 22529 Hamburg
Geschäftsführer / Verlagsleitung: Harald Hof
Druck: Books on Demand GmbH, In de Tarpen 42, 22848 Norderstedt

Imprint
Publisher: BABADADA GmbH, Nedderfeld 112 , 22529 Hamburg, Germany
Managing Director / Publishing direction: Harald Hof
Print: Books on Demand GmbH, In de Tarpen 42, 22848 Norderstedt

school

isikole

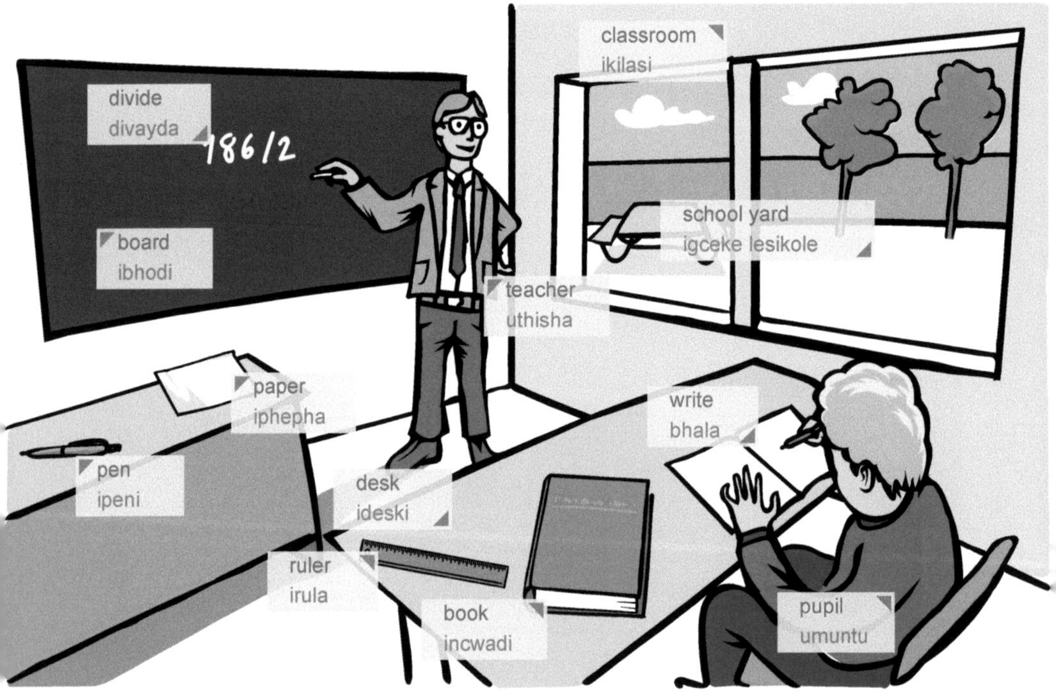

divide
divayda
186/2
classroom
ikilasi
board
ibhodi
school yard
igceke lesikole
teacher
uthisha
paper
iphepha
write
bhala
pen
ipeni
desk
ideski
ruler
irula
book
incwadi
pupil
umuntu

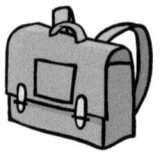

satchel
isikhwama

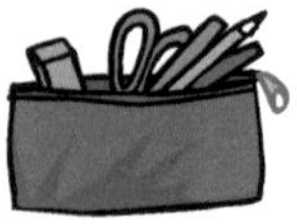

pencil case
isikwama sepeni

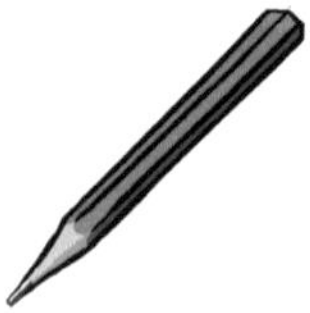

pencil
ipensela

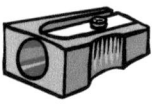

pencil sharpener
umshini wokulola

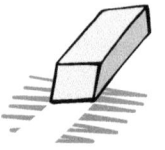

rubber
irabha

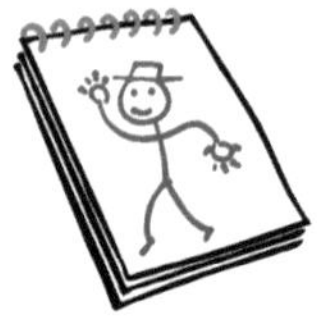

drawing pad
indawo yokudweba

drawing
ukudweba

paintbrush
ibrashi lokupenda

paint box
ibhokisi lokupenda

scissors
isikelo

glue
inomfi

exercise book
incwadi yesikole

homework
umsebenzi wasekhaya

number
inamba

add
hlanganisa

subtract
susa

multiply
phindaphinda

calculate
bala

letter
incwadi

alphabet
izinhlamvu zamagama

word
igama

text
....
umbhalo

read
....
funda

chalk
....
ushoki

lesson
....
isifundo

register
....
bhalisa

exam
....
isivivinyo

certificate
....
isitifiketi

school uniform
....
iyunifomu yesikole

education
....
imfundo

encyclopedia
....
i-encyclopedia

university
....
inyuvesi

microscope
....
isibonakhulu

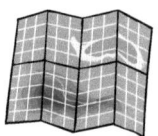

map
....
ibalazwe

waste-paper basket
....
ibhaskidi yokulahla
amaphepha

travel

ukuhamba

hotel
ihhotela
Grand
hostel
ihositela
ROOMS
CHANGE
bureau de change
i-bureau de change
suitcase
i-suitcase
car
imoto

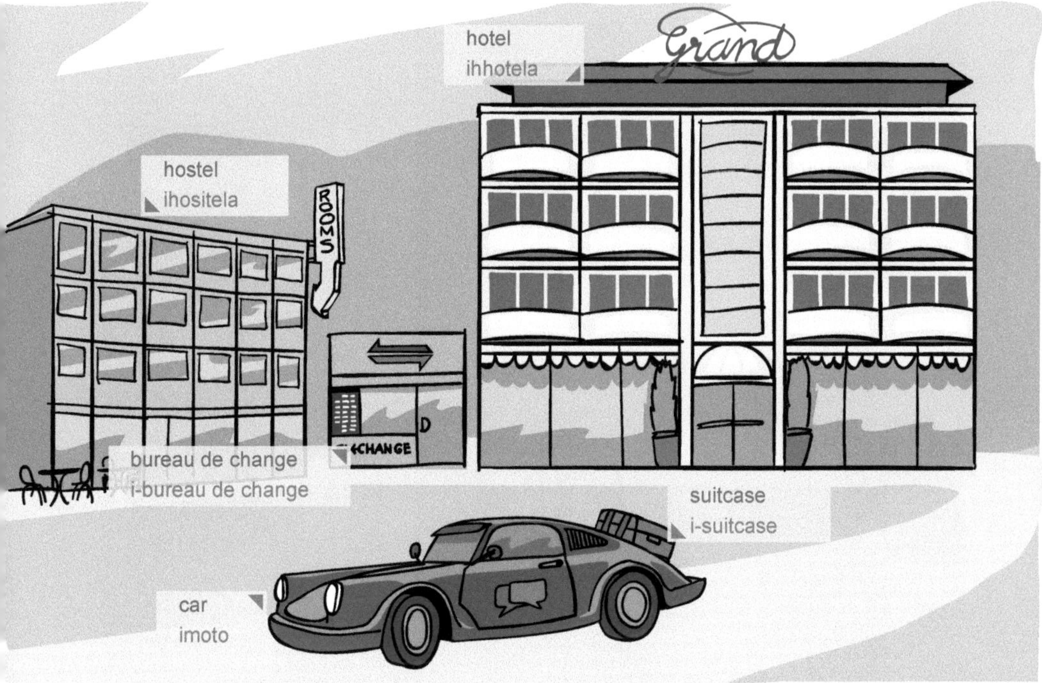

language

ulimi

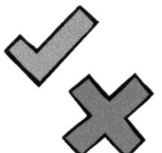

yes / no

yebo / cha

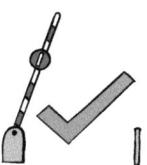

Okay

kulungile

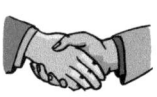

hello

sawubona

translator

umhumushi

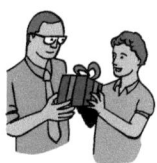

Thank you

Ngiyabonga

how much is...?

iyimalini i...?

I do not understand

angiqondi

problem

inkinga

Good evening!

Intambama enhle!

Good morning!

Sawubona!

Good night!

Ulale kahle!

bye bye

bye bye

direction

isiqondiso

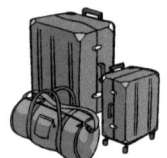

luggage

izikhwama

bag

isikhwama

backpack

ubhakha

guest

isivakashi

room

igumbi

sleeping bag

isikhwama sokulala

tent

ithende

tourist information

iminingwane yamathoristi

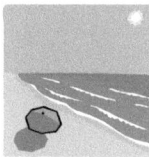

beach

ulwandle

credit card

ikhadi lesikweletu

breakfast

ukudla kwasekuseni

lunch

ukudla kwasemini

dinner

ukudla kwasebusuku

ticket

ithikithi

lift

i-lift

stamp

isitembu

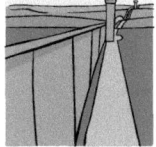

border

ibhoda

customs

amasiko

embassy

inxusa

visa

ivisa

passport

iphasiphothi

transport
izinto zokuhamba

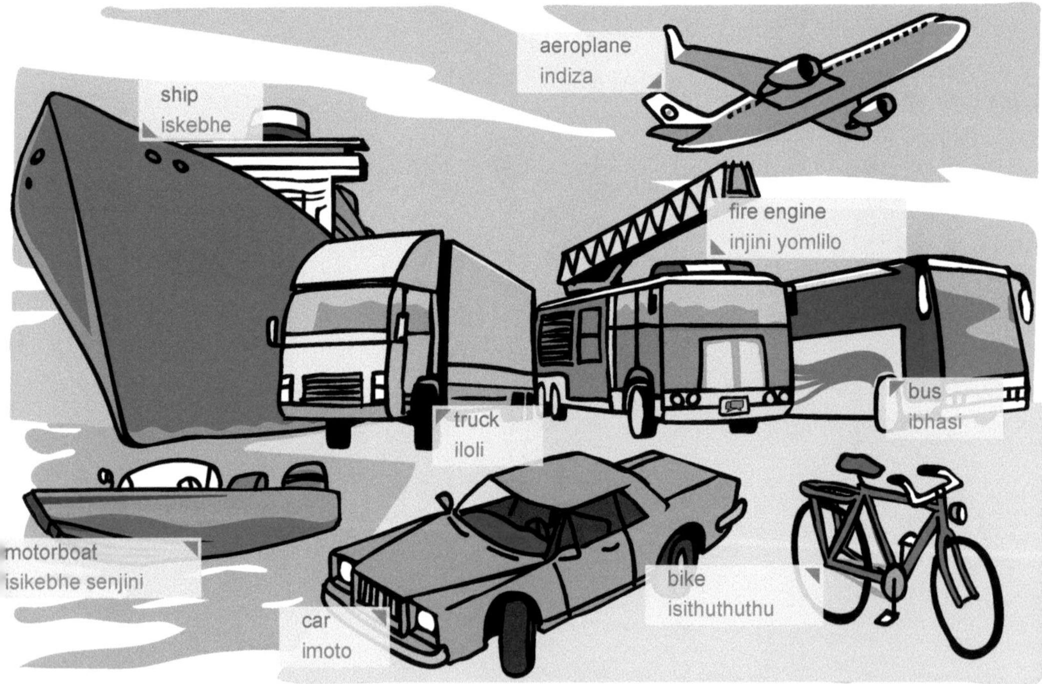

aeroplane
indiza
ship
iskebhe
fire engine
injini yomlilo
bus
ibhasi
truck
iloli
motorboat
isikebhe senjini
bike
isithuthuthu
car
imoto

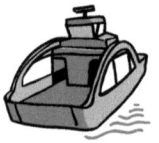

ferry
isikebhe

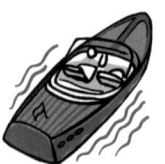

boat
isikebhe

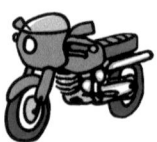

motorbike
isithuthuthu

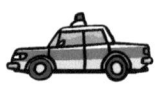

police car
imoto yamaphoyisa

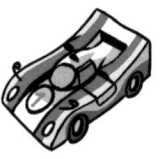

racing car
imoto ejahayo

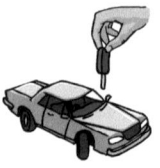

rental car
imoto eqashiwe

car sharing

ukurenta imoto

breakdown truck

iloli eliphukile

refuse truck

ithrakhi

motor

injini

fuel

amafutha

petrol station

indawo yokuthela uphethiloli

traffic sign

uphawu lwethrafikhi

traffic

ithrafikhi

traffic jam

ithrafikhi enkulu

car park

indawo yokupaka izimoto

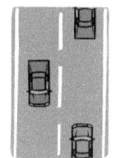

train station

isitashi sesitimela

tracks

amaloli

train

isitimela

tram

ithilamu

carriage

inqola

helicopter

ihelikhoptha

airport

isikhungo sezindiza

tower

umphongolo

passenger

iphasenja

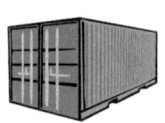

container

ikhonteyna

carton

ikhathoni

cart

inqola

basket

ubhasikidi

take off / land

ukusuka / ukwehla

city

idolobha

village

isigodi

city centre

i-city centre

house

indlu

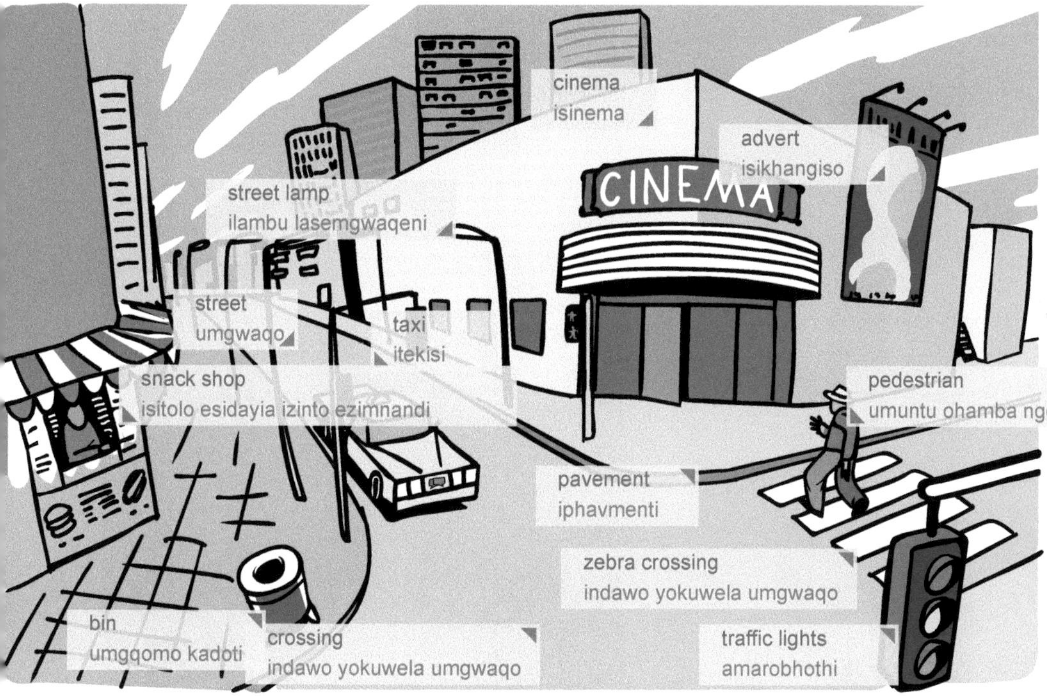

cinema
isinema

advert
isikhangiso

CINEMA

street lamp
ilambu lasemgwaqeni

street
umgwaqo

taxi
itekisi

snack shop
isitolo esidayia izinto ezimnandi

pedestrian
umuntu ohamba nge

pavement
iphavmenti

zebra crossing
indawo yokuwela umgwaqo

bin
umgqomo kadoti

crossing
indawo yokuwela umgwaqo

traffic lights
amarobhothi

hut

indlu yodaka

flat

i-flat

train station

isitashi sesitimela

town hall

i-town hall

museum

imuzilemu

school

isikole

university

inyuvesi

bank

ibhange

hospital

isibhedlela

hotel

ihhotela

pharmacy

ikhemisi

office

i-ofisi

book shop

isitolo sezincwadi

shop

esitolo

florist's

istolo sezimbali

supermarket

emakethe enkulu

market

imakethe

department store

isitolo somnyango

fishmonger's

i-fishmonger's

shopping centre

isikhungo sezitolo

harbour

isikhungo semikhumbi

park

ipaki

bench

ibhentshi

bridge

ibhuloho

stairs

izitezi

underground

ngaphansi komhlaba

tunnel

umhubhe

bus stop

istobhu sebhasi

bar

i-bar

restaurant

isitolo sokudlela

postbox

eposini

street sign

uphawu lwasemgwaqeni

parking meter

umshini wokukhokhela
ukupaka

zoo

esiqiwini

swimming pool

indawo yokubhukuda

mosque

i-mosque

farm

ifamu

pollution

ukungcola

graveyard

amagcwaba

church

isonto

playground

igrawundi lokudlala

temple

ithempeli

landscape

ingadi

leaf
icembe

signpost
mpambano mgwaqo

way
indlela

meadow
idlelo

stone
itshe

tree
isihlahla

hiker
umqwali wezintaba

river
umfula

grass
utshani

flower
imbali

valley

isigodi

hill

intaba

lake

ichibi

forest

ihlathi

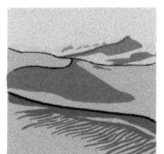

desert

ogwadule

volcano

intaba mlilo

castle

isigodlo

rainbow

uthingo

mushroom

ikhowe

palm tree

isihlahla sesundu

mosquito

umiyane

fly

ukundiza

ant

intuthwane

bee

inyosi

spider

isicabucabu

beetle

ibhungane

frog

ixoxo

squirrel

i-squirrel

hedgehog

i-hedgehog

hare

unogwaja

owl

isikhova

bird

izinyoni

swan

idada

boar

intibane

deer

inyamazane

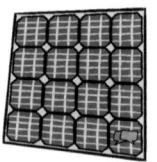

moose

i-moose

dam

idamu

wind turbine

i-wind turbine

solar panel

i-solar panel

climate

isimo sezulu

restaurant
isitolo sokudlela

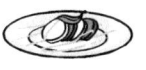

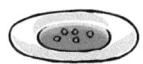

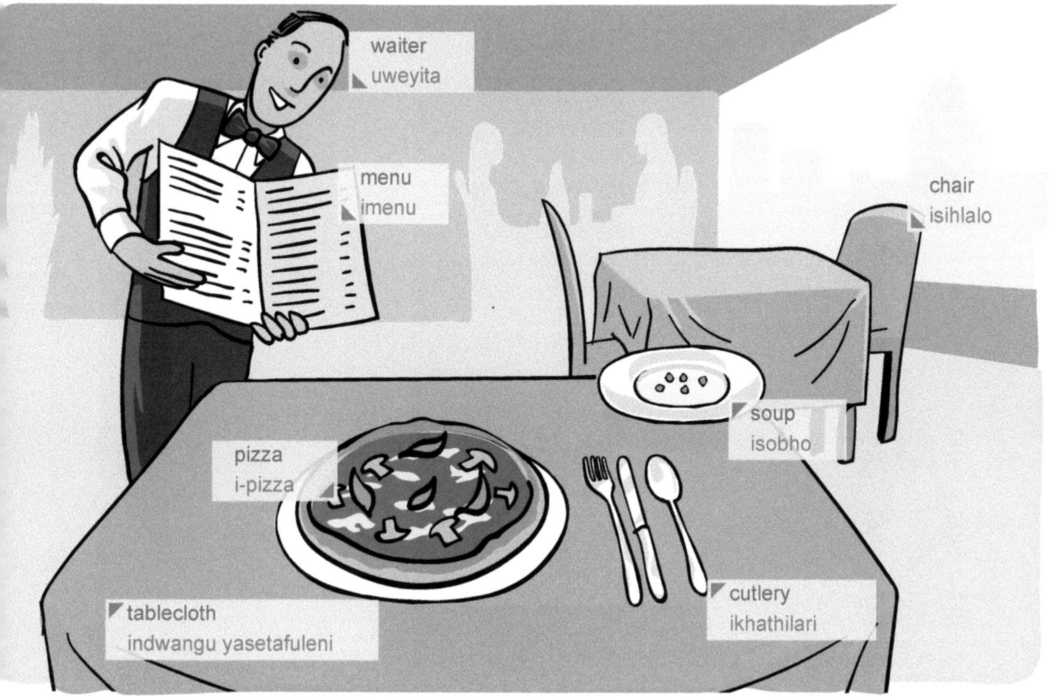
waiter
uweyita
menu
imenu
chair
isihlalo
soup
isobho
pizza
i-pizza
cutlery
ikhathilari
tablecloth
indwangu yasetafuleni

starter
....
ukudla okulula

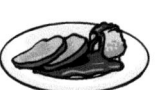

main course
....
isidlo

dessert
....
idizethi

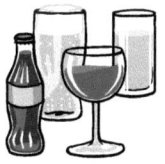

drinks
....
iziphuzo

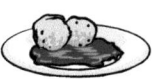

food
....
ukudla

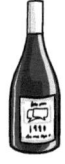

bottle
....
ibhodlela

fast food

ukudla okulula

street food

ukudla okudayiswa
emgwaqeni

teapot

ithiphothi

sugar bowl

isitsha sikashukela

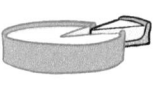

portion

ingxenye

espresso machine

umshini we-ekspreso

high chair

isitulo esiphezulu

bill

izindleko

tray

ithreyi

knife

ummese

fork

imfologo

spoon

ispuni

teaspoon

ithispuni

serviette

indawo yokusula umlomo

glass

igilasi

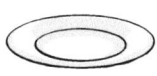

plate

ipuleti

soup plate

ipuleti lesobho

saucer

isoso

sauce

isosi

salt pot

isitsha sasawoti

pepper mill

isitsha sephepha

vinegar

uviniga

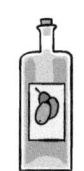

oil

amafutha

spices

izinongo

ketchup

isosi yetamatisi

mustard

isosi yesinaphi

mayonnaise

imayonesi

supermarket
emakethe enkulu

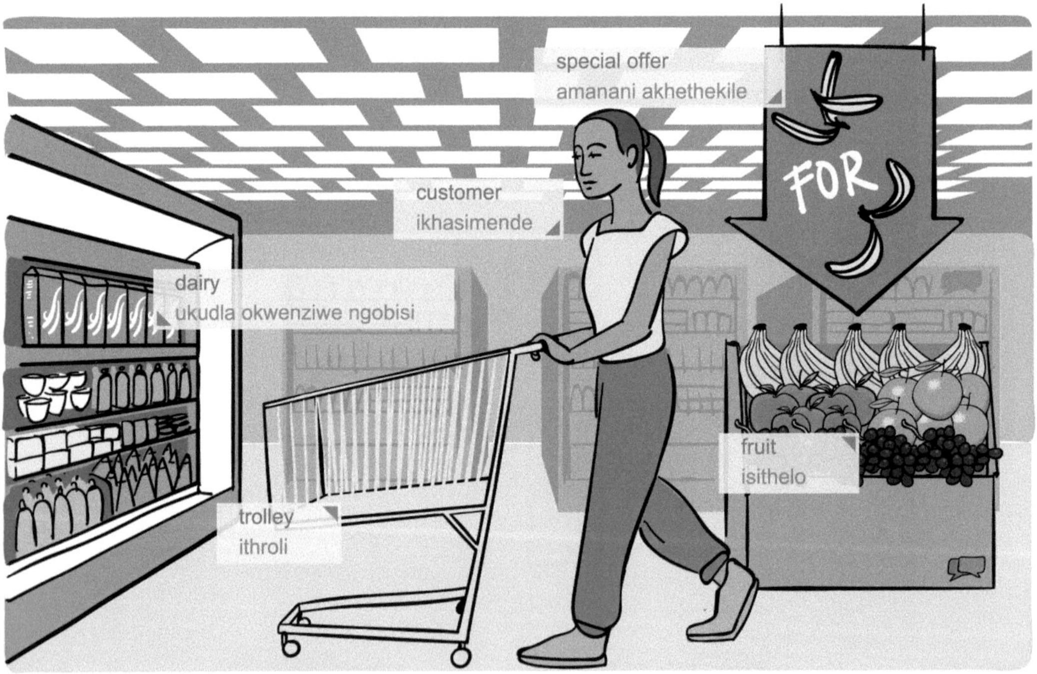

special offer
amanani akhethekile
FOR
customer
ikhasimende
dairy
ukudla okwenziwe ngobisi
fruit
isithelo
trolley
ithroli

BUTCHERS

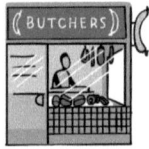

butcher´s
ebhusha

BAKERY

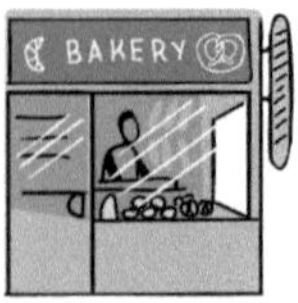

baker´s
isitolo esidayisa isinkwa

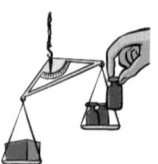

weigh
kala

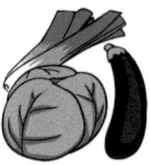

vegetables
amaveji

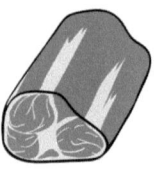

meat
inyama

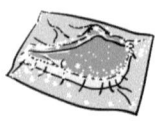

frozen food
ukudla okubandayo

cold meat

inyama ebandayo

tinned food

ukudla okusethinini

washing powder

insipho yokuwasha
enguphawuda

sweets

oswidi

household products

izinto zasendlini

cleaning products

izinto zokuhlanza

salesperson

umuntu odayisayo

till

ithili

cashier

umbali wemali

shopping list

izinto okumelwe zithengwe

opening hours

amahora okuvula

wallet

uwolethi

credit card

ikhadi lesikweletu

bag

isikhwama

plastic bag

isikwama sepulastiki

water

amanzi

juice

ijusi

milk

ubisi

coke

i-coke

wine

iwayini

beer

ubhiya

alcohol

utshwala

cocoa

i-cocoa

tea

itiye

coffee

ikhofi

espresso

i-ekspreso

cappuccino

ikhaphachino

banana

ubhanana

apple

i-apula

orange

i-olintshi

melon

ikhabe

lemon

ulamula

carrot

ukherothi

garlic

ugaligi

bamboo

umhlanga

onion

u-anyanisi

mushroom

ikhowe

nuts

amakinati

noodles

ama-noodle

spaghetti

isipagethi

rice

iraysi

salad

isaladi

chips

ama-chips

fried potatoes

amazambane athosiwe

pizza

i-pizza

hamburger

ibhega

sandwich

isendiwichi

cutlet

inyama engenathambo

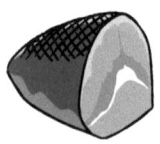

ham

ham

salami

salami

sausage

isoseji

chicken

inkukhu

roast

yosiwe

fish

inhlanzi

porridge oats

iphalishi le-oats

muesli

i-muesli

cornflakes

ama-cornflakes

flour

uflulawa

croissant

i-croissant

bread roll

isinkwa esiyiroli

bread

isinkwa

toast

i-toast

biscuits

amabhiskidi

butter

ibhotela

curd

i-curd

cake

ikhekhe

egg

iqanda

fried egg

iqanda elithosiwe

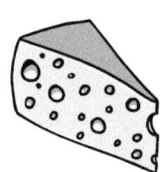

cheese

ushizi

ice cream

i-ice cream

sugar

ushukela

honey

uju

jam

ujamu

chocolate spread

ispredi sikashokholedi

curry

isitshulu

farm
ifamu

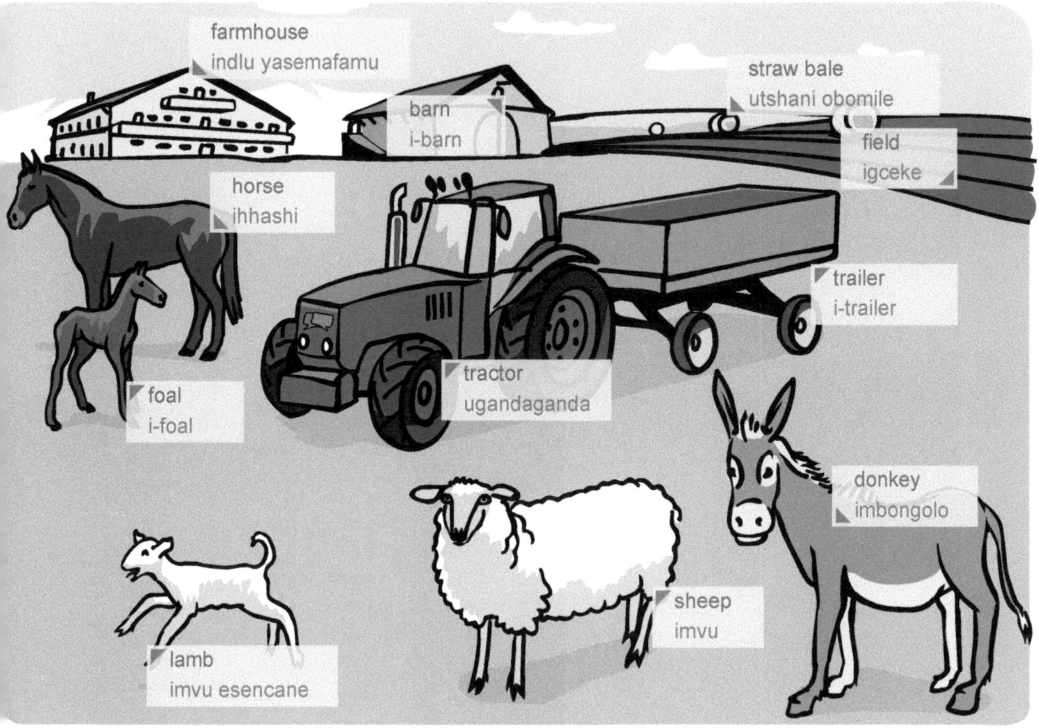
farmhouse
indlu yasemafamu
barn
i-barn
straw bale
utshani obomile
field
igceke
horse
ihhashi
trailer
i-trailer
tractor
ugandaganda
foal
i-foal
donkey
imbongolo
sheep
imvu
lamb
imvu esencane

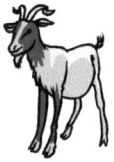

goat
imbuzi

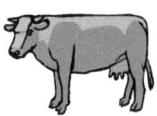

cow
inkomo

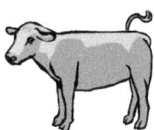

calf
ithole

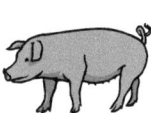

pig
ingulube

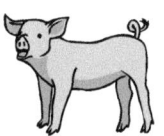

piglet
ingulube esencane

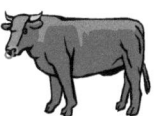

bull
inkunzi

goose

ihansi

duck

idada

chick

ichwane

hen

isikhukhukazi

cock

iqhude

rat

igundwane

cat

ikati

mouse

igundwane

ox

inkabi

dog

inja

doghouse

indlu yenja

garden hose

ipayipi lokunisela

watering can

ikani lokunisela

scythe

ucelemba

plough

igeja

sickle

isikela

hoe

ukhuba

pitchfork

imfoloko

axe

imbazo

wheelbarrow

ibhala

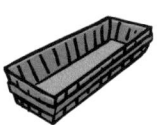

trough

umkhombe

milk can

ubusi olusekanini

sack

isaka

fence

ifensi

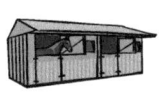

stable

esitebhilini

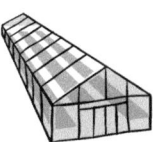

greenhouse

i-greenhouse

soil

inhlabathi

seed

imbewu

fertilizer

umanyolo

combine harvester

ukuvuna okuhlanganisiwe

harvest

vuna

harvest

isivuno

yams

ama-yam

wheat

ukolweni

soy

umbhontshisi

potato

amazambane

corn

ummbila

rapeseed

i-rapeseed

fruit tree

isihlahla sezithelo

cassava

umdumbula

cereals

amasiriyeli

house

indlu

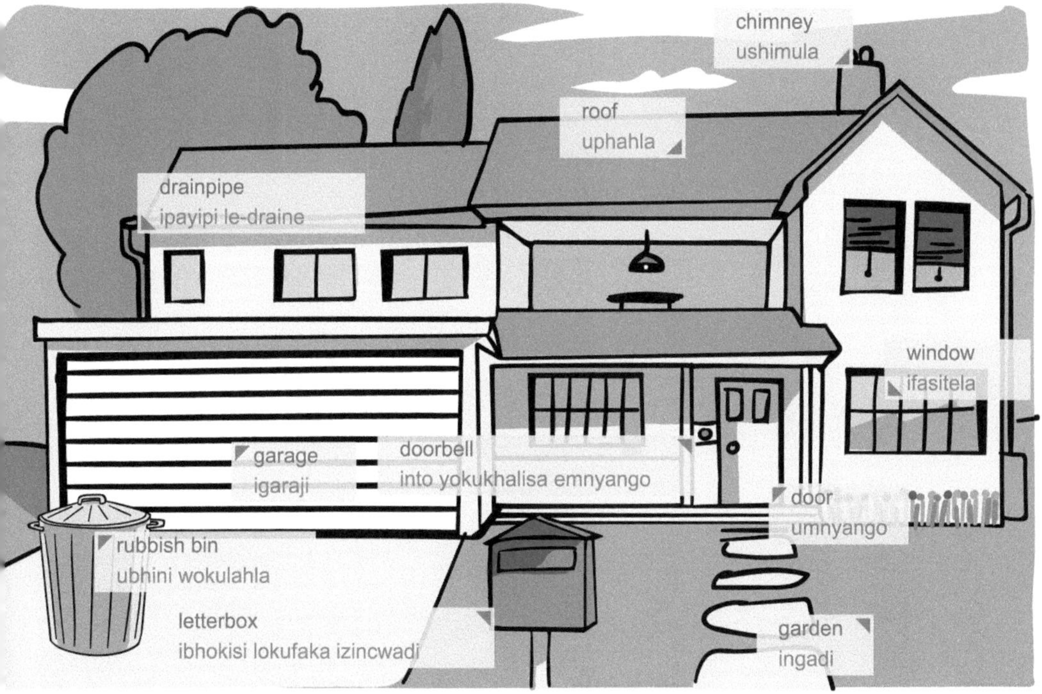
chimney
ushimula
roof
uphahla
drainpipe
ipayipi le-draine
window
ifasitela
garage
igaraji
doorbell
into yokukhalisa emnyango
door
umnyango
rubbish bin
ubhini wokulahla
letterbox
ibhokisi lokufaka izincwadi
garden
ingadi

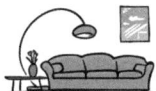

living room

igumbi lokuhlala

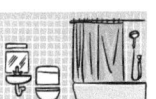

bathroom

igumbi lokugeza

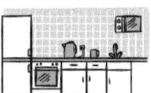

kitchen

ikhishi

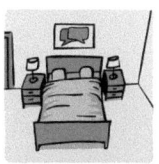

bedroom

igumbi lokulala

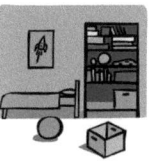

child's room

igumbi lezingane

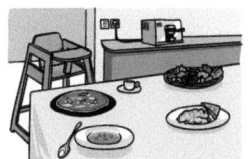

dining room

igumbi lokudlela

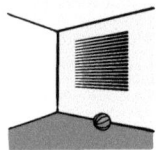

floor

phansi

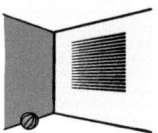

wall

udonga

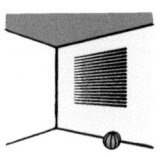

ceiling

usilingi

cellar

i-cella

sauna

i-sauna

balcony

ibhalconi

terrace

i-terrace

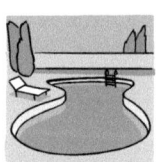

pool

iphuli

lawn mower

umshin wokugunda utshani

sheet

ishidi

bedspread

ingubo yokulala

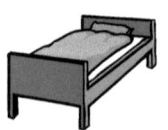

bed

umbhede

broom

umshanelo

bucket

ibhakede

switch

i-switch

living room
igumbi lokuhlala

wallpaper
i-wallpaper
picture
isithombe
lamp
ilambu
shelf
ishalofu
cupboard
ibhodi lenkomishi
television
umabonakude
fireplace
indawo yomlilo
flower
imbali
cushion
ikhushini
sofa
usofa
vase
ivasi
remote control
i-remote control

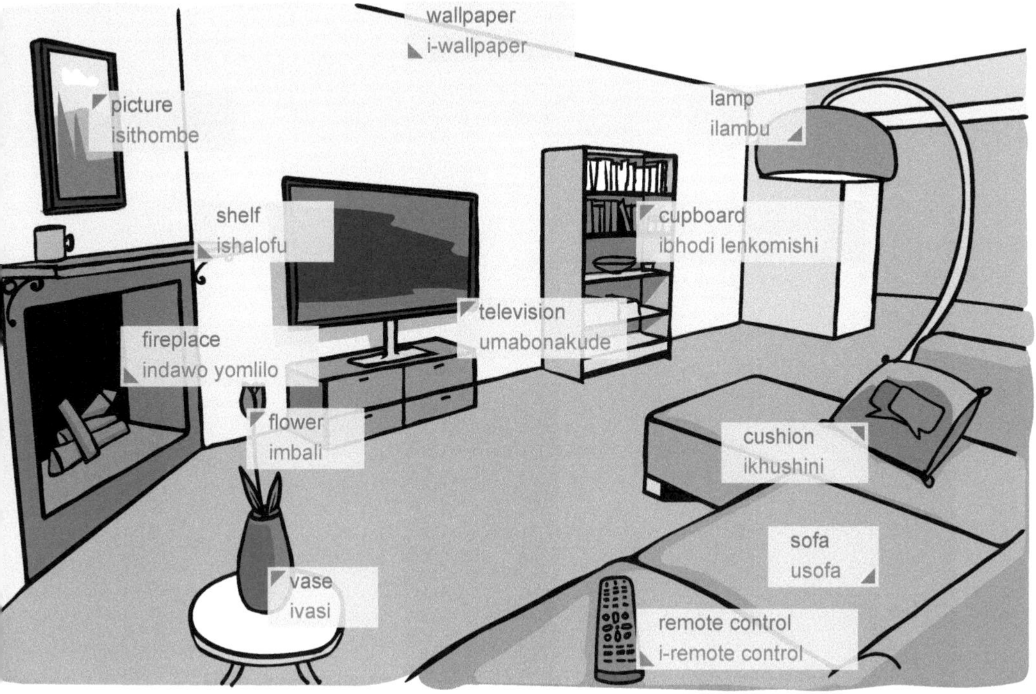

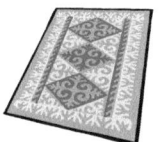

carpet

ukhaphethe

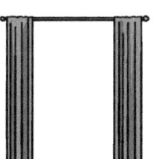

curtain

ikhethini

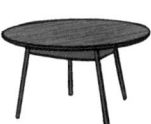

table

itafula

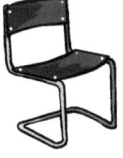

chair

isihlalo

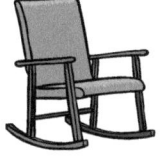

rocking chair

isihlalo esinyakazayo

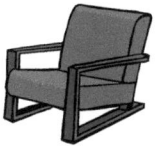

armchair

isihlalo esingangengalo

book

incwadi

blanket

ingubo

decoration

ukuhlobisa

firewood

izinkuni zokubasa

film

ifilimu

hi-fi equipment

izinto ze-hi-fi

key

ukhiye

newspaper

iphephandaba

painting

ukupenda

poster

iphosta

radio

umsakazo

notepad

i-notepad

hoover

ihuva

cactus

i-cactus

candle

ikhandlela

kitchen
ikhishi

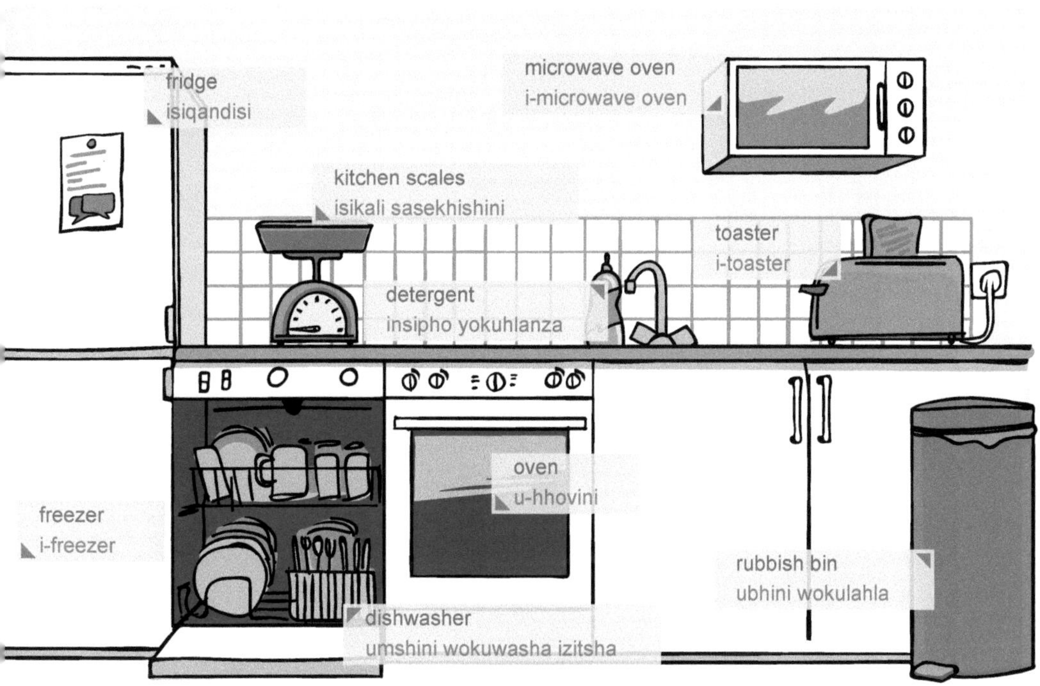
fridge
isiqandisi
microwave oven
i-microwave oven
kitchen scales
isikali sasekhishini
toaster
i-toaster
detergent
insipho yokuhlanza
oven
u-hhovini
freezer
i-freezer
rubbish bin
ubhini wokulahla
dishwasher
umshini wokuwasha izitsha

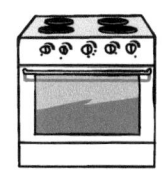

cooker
umshini wokupheka

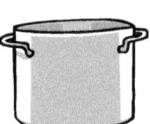

pot
ibhodwe

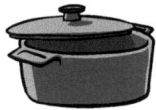

cast-iron pot
ibhodwe le-cast iron

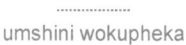

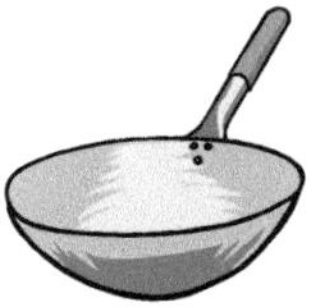

wok / kadai
i-wok / kadai

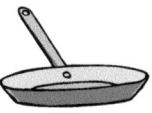

pan
ipani

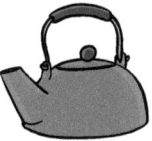

kettle
iketela

steamer

i-steamer

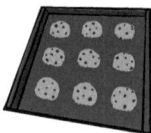

baking tray

ithreyi lokubhaka

crockery

izitsha zokudla

mug

imaki

bowl

isitsha

chopsticks

izinti zendwangu

ladle

isixembe sokuphaka

spatula

ispathula

whisk

i-whisk

strainer

i-strainer

sieve

isisefo

grater

igretha

mortar

isitsha sodaka

barbecue

i-barbecue

open fire

umlilo

chopping board

ibhodi lokuqoba

rolling pin

ipini lokurola

corkscrew

iskrew

can

ikani

can opener

into yokuvula ikani

pot holder

indwangu yokubamba
ibhodwe

sink

usinki

brush

i-brush

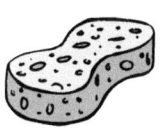

sponge

isiponji

blender

ibhlenda

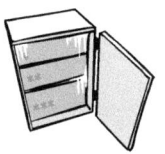

deep freezer

i-deep freezer

baby bottle

ibhodlela lengane

tap

umpompi

bathroom
igumbi lokugeza

heating
isifudumezo
towel
ithawula
shower
ishawa
shower curtain
ikhethini leshawa
bubble bath
insipho yokugeza eyenza amagwebu
bathtub
ubhavu
glass
igilasi
washing machine
umshini wokuwasha
tap
umpompi
tiles
amathayizi
potty
ithoyilethi lezingane
sink
usinki

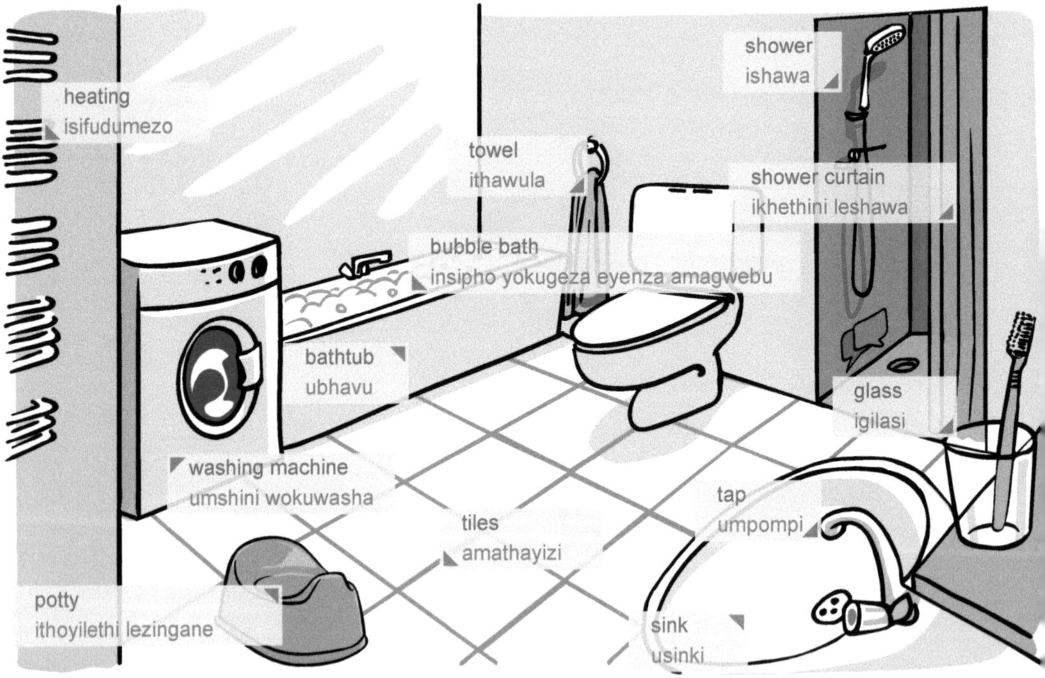

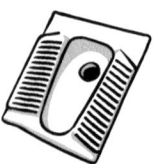

toilet
ithoyilethi

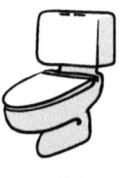

squat toilet
ithoyilethi oqoshama kuyo

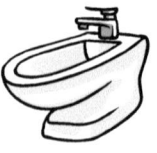

bidet
ithoyilethi le-bidet

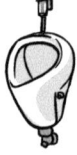

urinal
ithoyilethi lokuchama labesilisa

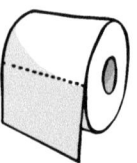

toilet paper
iphepha lasethoyilethi

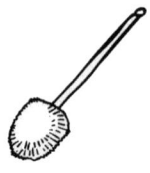

toilet brush
ibhrashi lasethoyilethi

toothbrush
ibhrashi lamazinyo

toothpaste
insipho yamazinyo

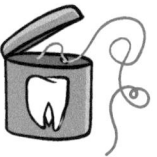

dental floss
into yokuvungula

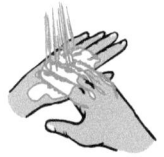

wash
washa

handheld shower
ishawa ebanjwa ngesandla

douche
uchatho

basin
u-basini

back brush
ibrashi lomhlane

soap
insipho

shower gel
ijeli yeshawa

shampoo
ishampu

flannel
ishethi lesikoshi

drain
i-drain

cream
ukhilimu

deodorant
into yokugcoba
amakhwapha

mirror

isibuko

hand mirror

isibuko esiphathwa
ngesandla

razor

ireyza

shaving foam

igwebu lokushefa

aftershave

umuthi ogcotshwa ngemva
kokushefa

comb

ikama

brush

ibhrashi

hair dryer

into yokomisa izinwele

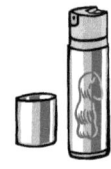

hairspray

ispreyi sezinwele

makeup

i-makeup

lipstick

into yokugcoba umlomo

nail varnish

into yokususa upende
wezinzipho

cotton wool

uwuli kakotini

nail scissors

isikelo sezinzipho

perfume

isigqolo

washbag

isikhwama sezinto
zokugeza

stool

isitulo

weighing scale

isikali

bathrobe

ingubo yokugeza

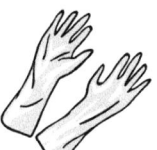

rubber gloves

amagilavu erabha

tampon

ithemponi

sanitary towel

iphedi yasesikhathini

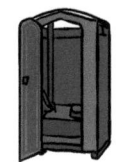

chemical toilet

ithoyilethi lekhemikhali

child's room
igumbi lezingane

alarm clock
i-alamu yewashi elichonywayo
cuddly toy
ithoyizi lokudlala
toy car
imoto eyithoyizi
rattle
i-rattle
doll's house
indlu kanodoli
present
isiphongo

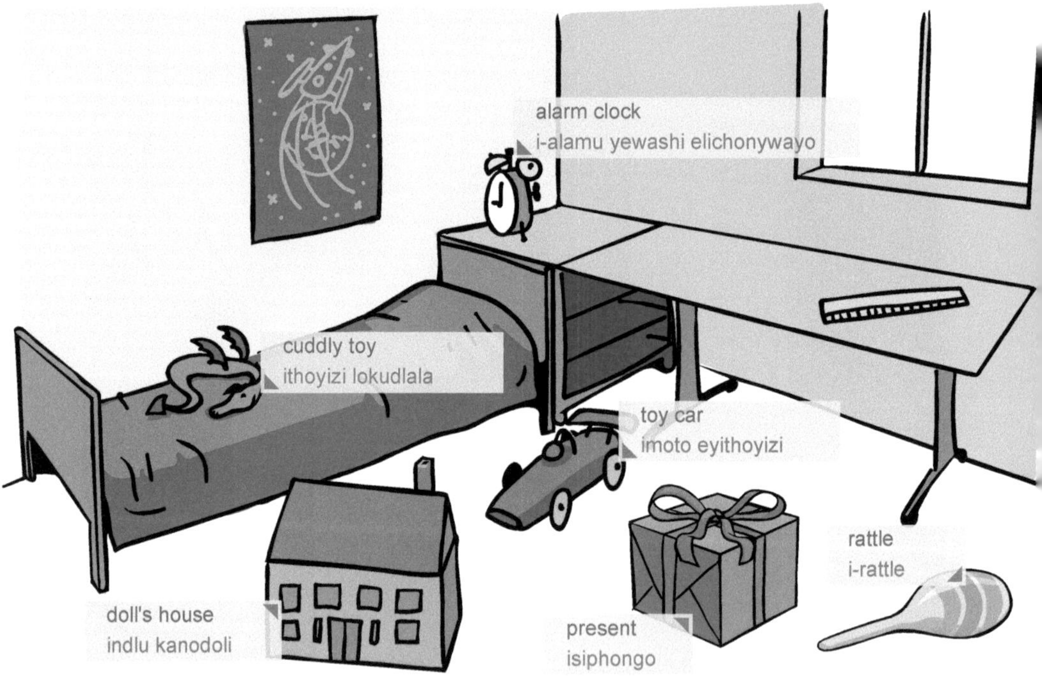

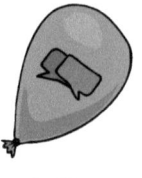

balloon

ibhaluni

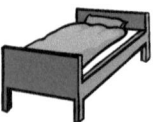

bed

umbhede

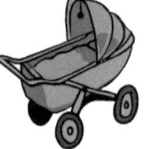

pram

iphremu

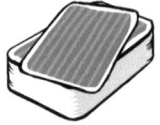

deck of cards

amakhadi

jigsaw

i-jigsaw

SUPER MEGA

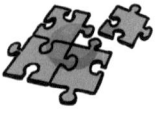

comic

indaba edwetshiwe

lego bricks

amabrick elego

building blocks

amabhuloksi okwakha

action figure

unodoli weqhawe

babygrow

izimpahla zezingane

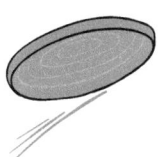

frisbee

i-frisbee

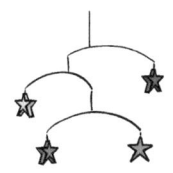

mobile

amathoyizi ezingane alengayo

board game

ibhodi lokudlala igemu

dice

idayisi

model train set

isethi yesitimela

dummy

idemu

party

iphathi

picture book

incwadi yezithombe

ball

ibhola

doll

unodoli

play

dlala

sandpit

umgodi wenhlabathi

swing

uzwinki

toys

amathoyizi

video game console

umshini wamavidiyo geymu

tricycle

ibhayisikili elinemasondo
amathathu

teddy bear

uthedibhe

wardrobe

u-wardrobe

clothing

izimpahla

socks

amasokisi

stockings

amastokhingi

tights

amathayithi

scarf
isikhafu

belt
ibhande

umbrella
i-amburela

t-shirt
ishethi

trainers
abaqeqeshi

boots
amabhuthi

slippers
izicathulo zokulala

sandals	shoes	rubber boots
amasandali	izicathulo	amabhuthi erabha

underpants	bra	vest
iphenti	u-bra	ivesti

body

umzimba

trousers

amabhulukwe

jeans

amajini

skirt

isiketi

blouse

isikibha

shirt

ishethi

pullover

ijezi elinezigqoko

hoodie

i-hoodie

blazer

ibhuleyiza

jacket

ijakhethi

coat

ijazi

raincoat

i-raincoat

costume

ikhosyumu

dress

ingubo

wedding dress

ingubo yomshado

suit

isudu

nightgown

ingubo yokulala

pyjamas

amaphijama

sari

ingubo yesari

headscarf

isikhafu

turban

isigqoko se-turban

burqa

ibhukha

kaftan

ingubo yekaftani

abaya

abaya

swimsuit

impahla yokubhukuda

trunks

amathranki

shorts

isikhindi

tracksuit

i-tracksuit

apron

ingubo yokupheka

gloves

amagilavu

button

ibhathini

glasses

izibuko

bracelet

ibhengela

necklace

umgexo

ring

indandatho

earring

amacici

cap

ikepisi

coat hanger

into yokuhenga ijazi

hat

isigqoko

tie

uthayi

zip

uziphu

helmet

ihelmethi

braces

ama-braces

school uniform

iyunifomu yesikole

uniform

iyunifomu

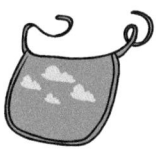

bib

ibhayi lengane

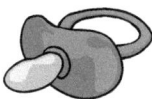

dummy

idemu

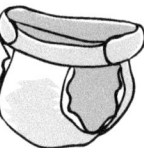

nappy

inabukeni

office
i-ofisi

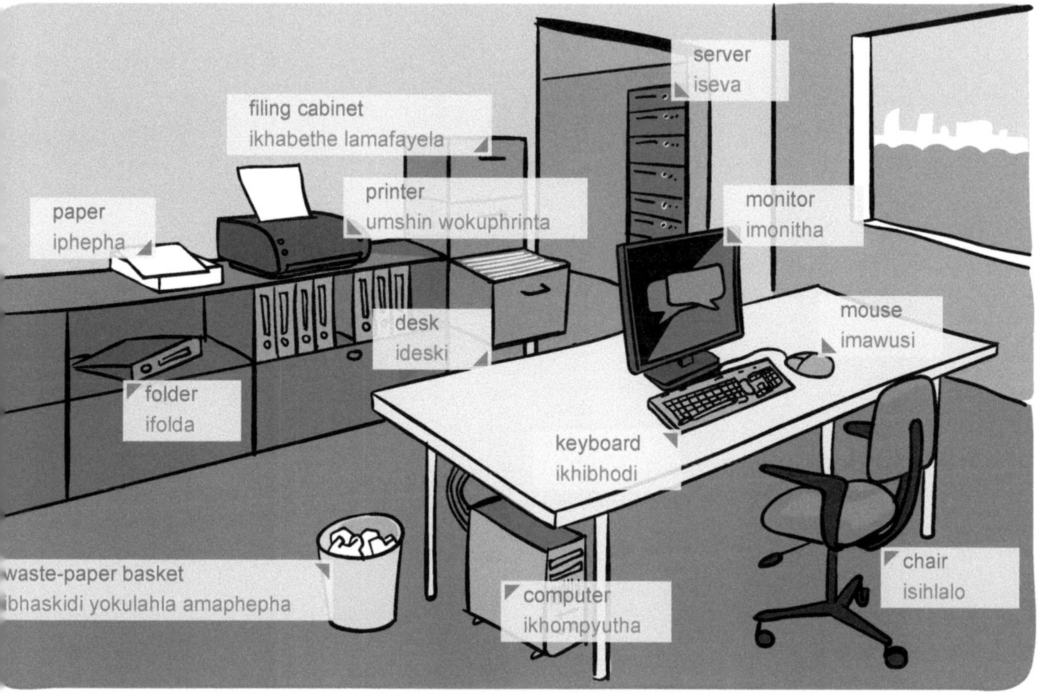
server
iseva
filing cabinet
ikhabethe lamafayela
paper
iphepha
printer
umshin wokuphrinta
monitor
imonitha
mouse
imawusi
desk
ideski
folder
ifolda
keyboard
ikhibhodi
waste-paper basket
ibhaskidi yokulahla amaphepha
computer
ikhompyutha
chair
isihlalo

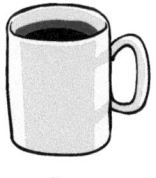

coffee mug

imagi yekhofi

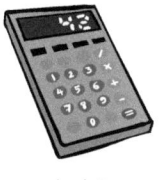

calculator

ikhalkhuletha

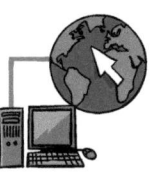

internet

i-inthanethi

laptop

ilephuthophu

letter

incwadi

message

umyalezo

mobile

ifoni

network

inethiwekhi

photocopier

ifothokhophi

software

i-software

telephone

ucingo

plug socket

indawo yokupulaka

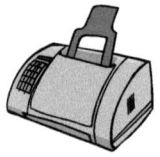

fax machine

umshini wokufeksa

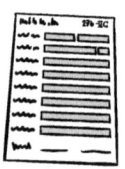

form

ifomu

document

idokhumenti

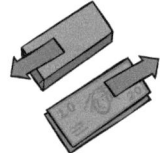

buy

thenga

pay

khokha

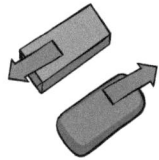

trade

shintshana

money

imali

dollar

idola

euro

i-euro

yen

iyen

rouble

i-rouble

Swiss franc

iSwiss franc

renminbi yuan

i-renminbi yuan

rupee

i-rupee

cashpoint

umshini wokukhipha imali

bureau de change

i-bureau de change

gold

igolide

silver

isiliva

oil

amafutha

energy

amandla

price

inani lemali

contract

ukuxhumana

tax

intela

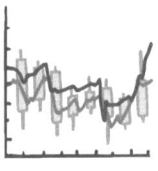

stock

isitokwe

work

sebenza

employee

isisebenzi

employer

umqashi

factory

ifekthri

shop

esitolo

occupations
imisebenzi

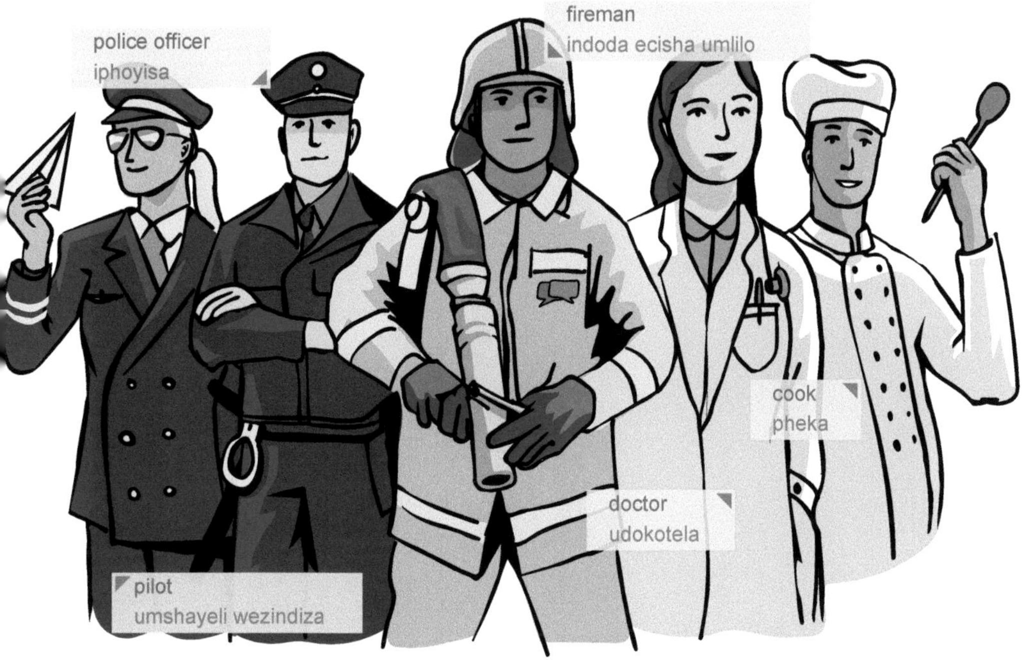

fireman
indoda ecisha umlilo
police officer
iphoyisa
cook
pheka
doctor
udokotela
pilot
umshayeli wezindiza

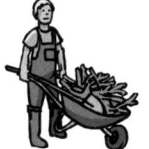

gardener

umuntu onakekela ingadi

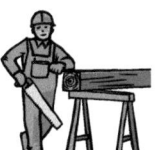

carpenter

umbazi

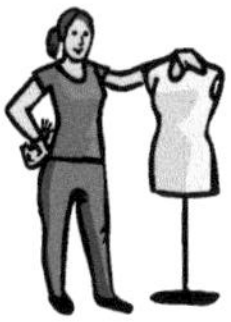

seamstress

umthungi

judge

ijaji

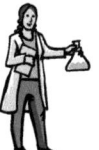

chemist

umuntu osebenza ekhemisi

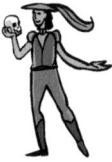

actor

umlingisi

bus driver

umshayeli webhasi

taxi driver

umshayeli wetekisi

fisherman

indoda edoba izinhlanzi

cleaning lady

owesifazane ohlanzayo

roofer

umuntu olungisa uphahla

waiter

uweyita

hunter

umzingeli

painter

umuntu opendayo

baker

umbhaki

electrician

umuntu osebenza ngogesi

builder

umakhi

engineer

unjiniyela

butcher

indawo edayisa inyama

plumber

umuntu osebenza
ngamapayipi

postman

indoda yaseposini

soldier

isosha

architect

umdwebi wezakhiwo

cashier

umbali wemali

florist

umuntu otshala izimbali

hairdresser

umuntu owenza izinwele

conductor

umqondisi wasesitimeleni

mechanic

umakhenikha

captain

ukaputeni

dentist

udokotela wamazinyo

scientist

usosayensi

rabbi

urabi

imam

imam

monk

indela

clergyman

umfundisi

tools

amathuluzi

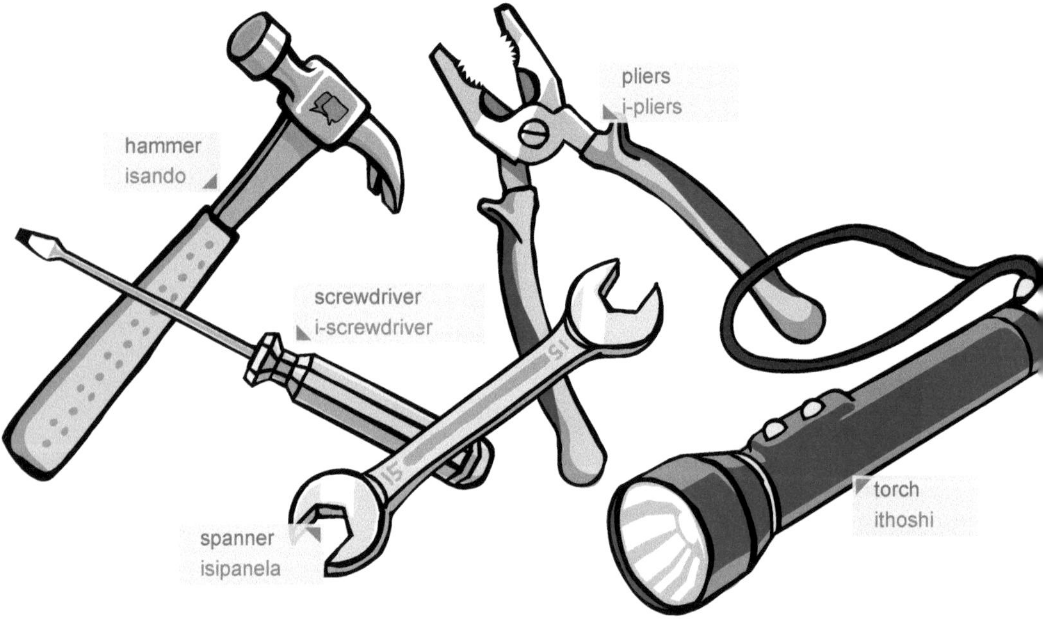

hammer
isando
pliers
i-pliers
screwdriver
i-screwdriver
spanner
isipanela
torch
ithoshi

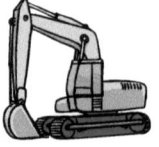

digger

umshini wokumba

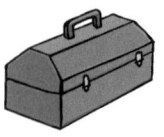

toolbox

ibhokisi lamathuluzi

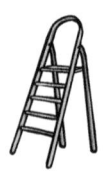

ladder

isitebhisi

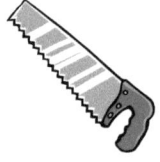

saw

isaha

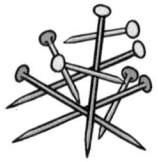

nails

izinzipho

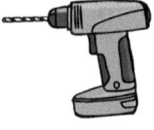

drill

i-drill

repair

lungisa

shovel

ifosholo

Damn!

Damethi!

dustpan

idastipheni

paint pot

ithini likapende

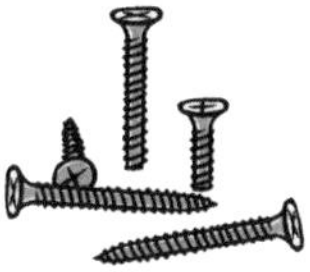

screws

i-screws

musical instruments
izinsimbi zomculo

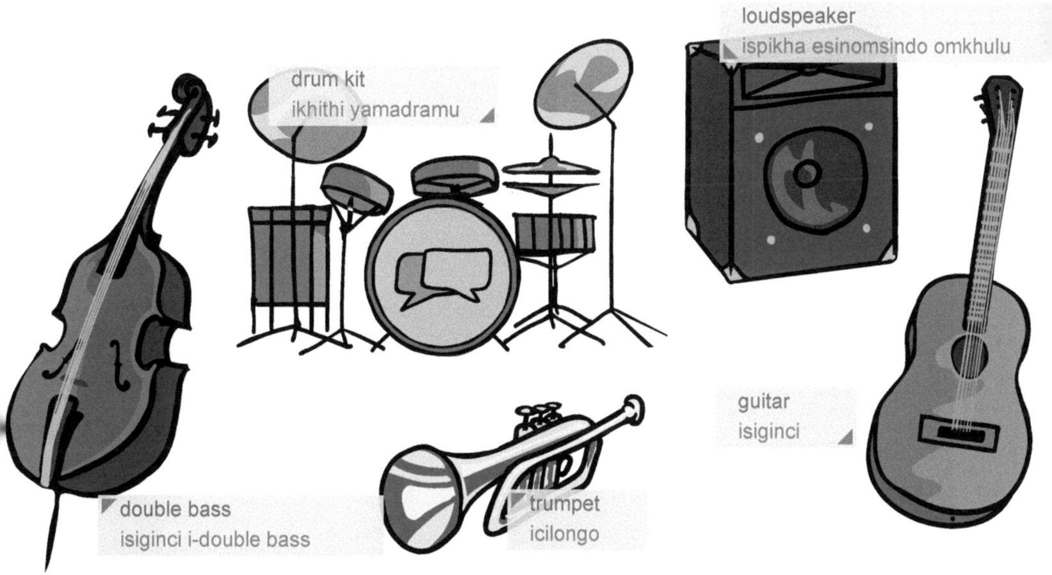

drum kit
ikhithi yamadramu

loudspeaker
ispikha esinomsindo omkhulu

guitar
isiginci

double bass
isiginci i-double bass

trumpet
icilongo

piano

ipiyano

violin

ivayolini

bass

i-bass

timpani

ithimpani

drums

amadramu

keyboard

i-keyboard

saxophone

i-saxophone

flute

umtshingo

microphone

imakhrofoni

zoo

esiqiwini

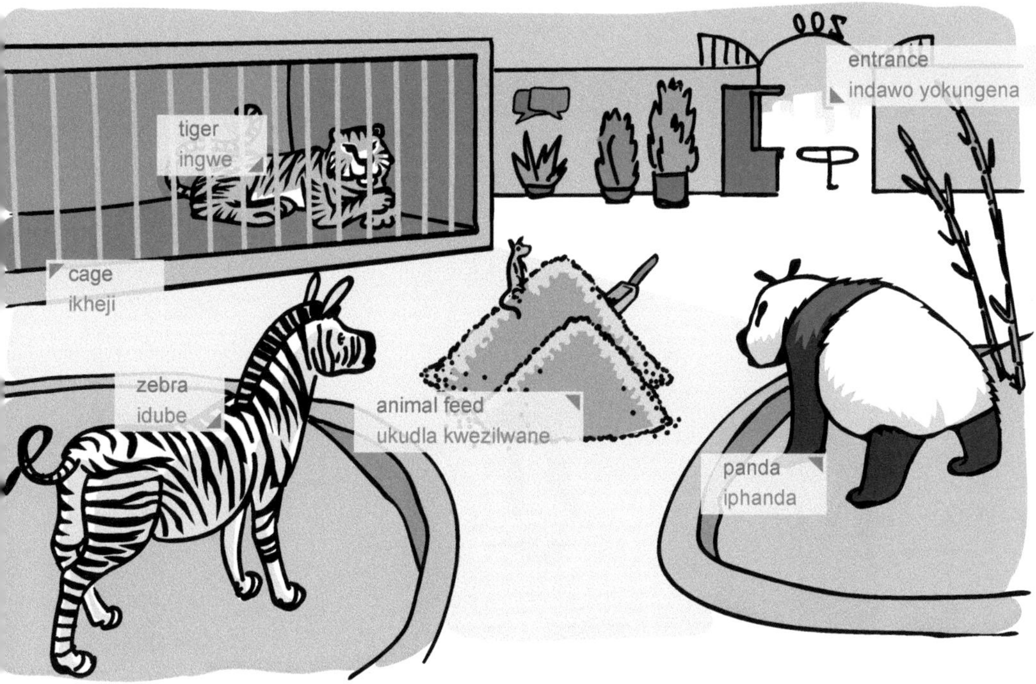
entrance
indawo yokungena
tiger
ingwe
cage
ikheji
zebra
idube
animal feed
ukudla kwezilwane
panda
iphanda

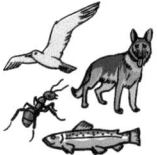

animals

izilwane

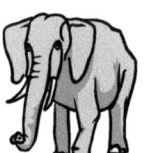

elephant

indlovu

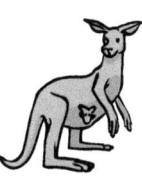

kangaroo

ikhangaru

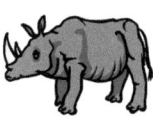

rhino

ubhejane

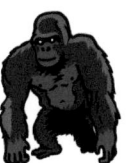

gorilla

igorila

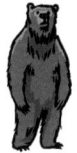

bear

ibhele

camel

ikamela

ostrich

intshe

lion

ingonyama

monkey

inkawu

flamingo

i-flamingo

parrot

upholi

polar bear

ibhele laseqhweni

penguin

iphenguwini

shark

ushaka

peacock

ipigogo

snake

inyoka

crocodile

ingwenya

zookeeper

umgcini wezilwane

seal

isilwane saseqhweni

jaguar

ijaguwa

pony
iponi

leopard
ingwe

hippo
imvubu

giraffe
indlulamithi

eagle
ukhozi

boar
intibane

fish
inhlanzi

turtle
ufudu

walrus
i-walrus

fox
ujakalase

gazelle
inyamazane igazele

American football
ibhola lezinyawo laseMelika

cycling
umdlali webhayisikili

tennis
ithenisi

basketball
ibhola lomnqankiswano

swimming
ukubhukuda

boxing
isibhakela

ice hockey
i-ice hockey

football
ibhola lezinyawo

badminton
i-badminton

athletics
abasubathi

handball
ibhola lezandla

skiing
ukushushuluza

polo
ipolo

jump
gxuma

laugh
hleka

hug
haga

walk
hamba

sing
cula

dream
phupha

pray
thandaza

kiss
cabuza

write
bhala

draw
dweba

show
bonisa

push
phusha

give
nikeza

take
thatha

have

yiba

do

yenza

be

yiba

stand

sukuma

run

gijima

pull

donsa

throw

phonsa

fall

yiwa

lie

amanga

wait

linda

carry

thwala

sit

hlala

get dressed

gqoka

sleep

lala

wake up

vuka

look at

bukela

cry

khala

stroke

qhweba

comb

kama

talk

khuluma

understand

qonda

ask

buza

listen

lalela

drink

phuza

eat

idla

tidy up

coca

love

thanda

cook

pheka

drive

shayela

fly

ndiza

sail

hamba ngomkhumbi

calculate

bala

read

funda

learn

funda

work

sebenza

marry

shada

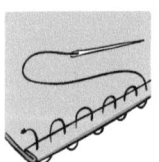

sew

thunga

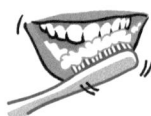

brush teeth

geza amazinyo

kill

bulala

smoke

bhema

send

thumela

family
umndeni

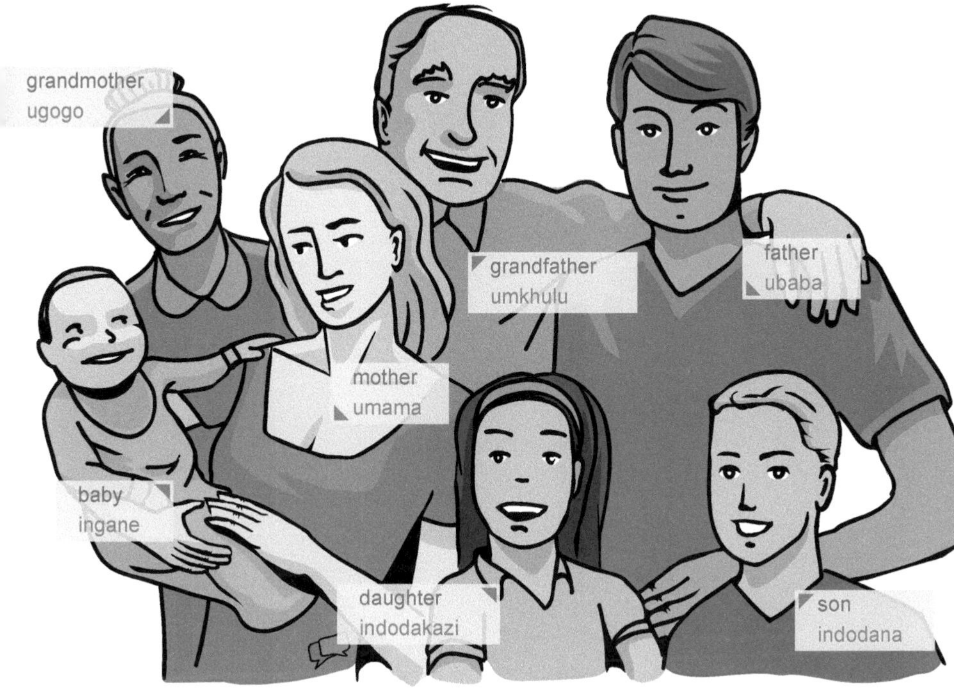
grandmother
ugogo
grandfather
umkhulu
father
ubaba
mother
umama
baby
ingane
daughter
indodakazi
son
indodana

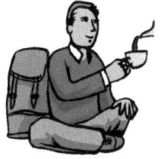

guest

isivakashi

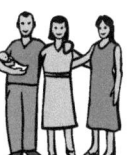

aunt

u-anti

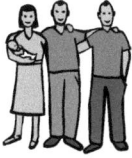

uncle

umalume

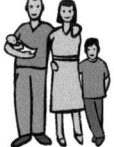

brother

umfowethu

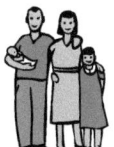

sister

udadewethu

body

umzimba

forehead
isiphongo
eye
amehlo
shoulder
ihlombe
finger
umunwe
face
ubuso
chin
isilevu
hand
isandla
leg
umlenze
breast
amabele
arm
ingalo

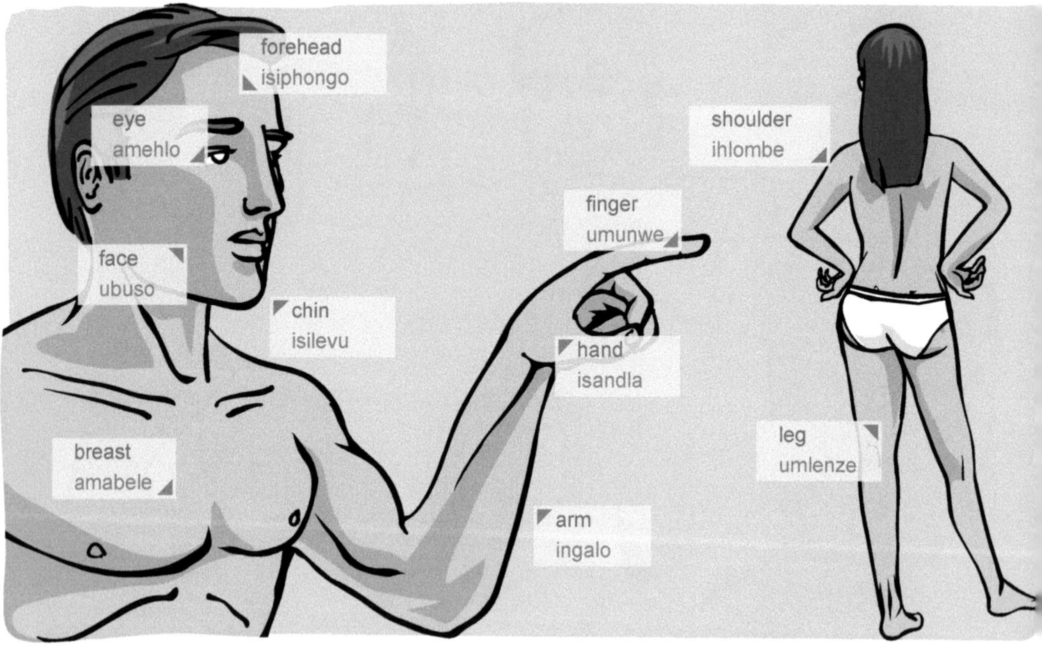

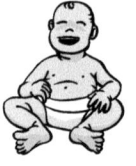

baby
ingane

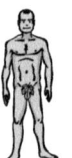

man
indoda

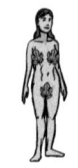

woman
owesifazane

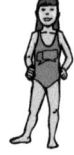

girl
intombazane

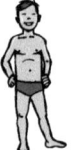

boy
umfana

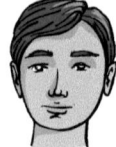

head
ikhanda

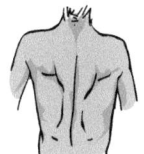

back

umhlane

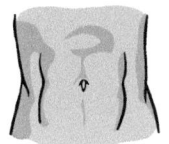

belly

isisu

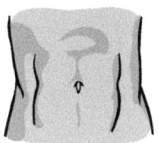

belly button

inkaba

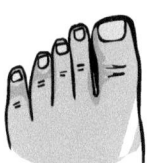

toe

izinzwane

heel

isithende

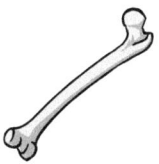

bone

ithambo

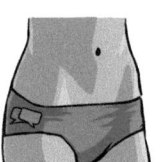

hip

inqulu

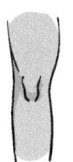

knee

idolo

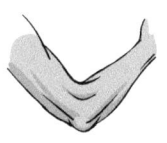

elbow

indololwane

nose

ikhala

bottom

ingenzansi

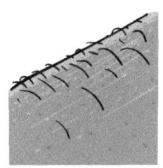

skin

isikhumba

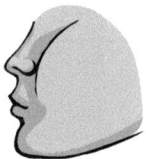

cheek

iziqhomo

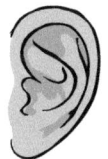

ear

indlebe

lip

udebe

mouth

umlomo

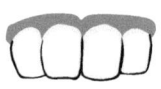

tooth

amazinyo

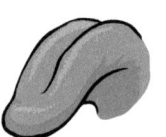

tongue

ulimu

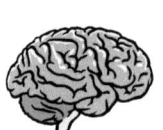

brain

ingqondo

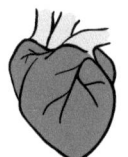

heart

inhliziyo

muscle

imasela

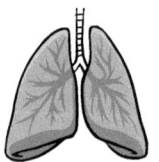

lung

uphaphe

liver

isibindi

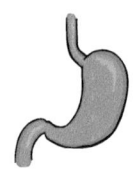

stomach

isisu

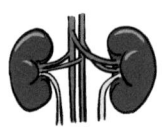

kidneys

izinso

sex

ucansi

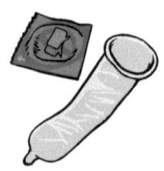

condom

ikhondomu

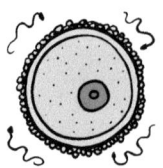

ovum

iqanda

semen

isidoda

pregnancy

ukukhulelwa

body - umzimba

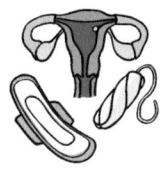

menstruation

ukuya esikhathini

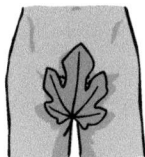

vagina

imomozi

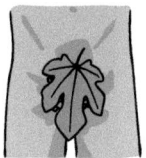

penis

umthondo

eyebrow

ishiya

hair

izinwele

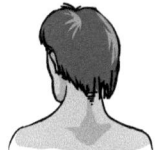

neck

intamo

hospital
isibhedlela

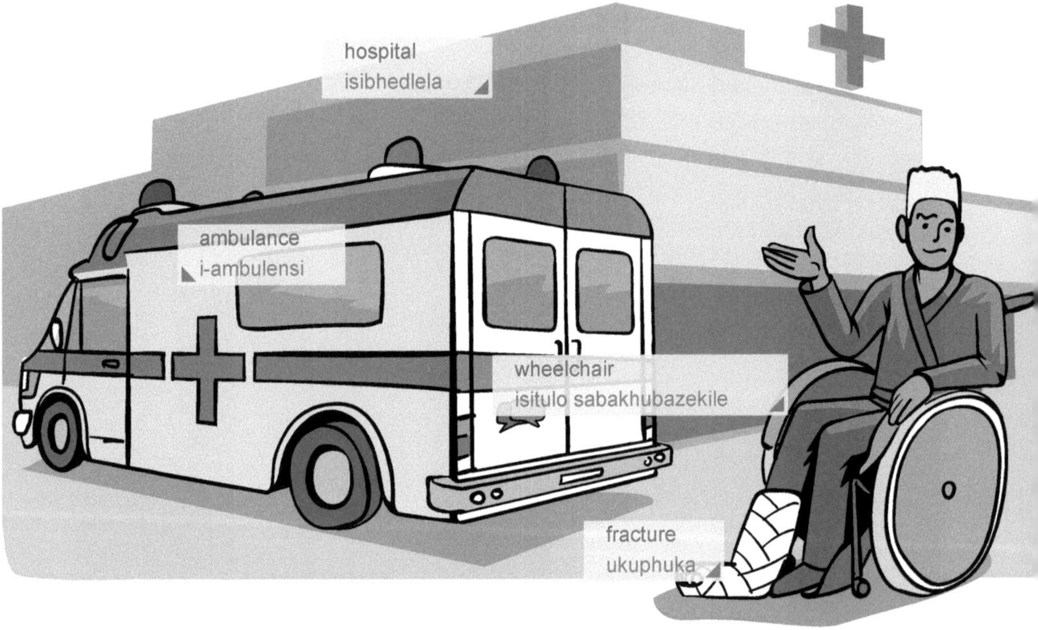

hospital
isibhedlela
ambulance
i-ambulensi
wheelchair
isitulo sabakhubazekile
fracture
ukuphuka

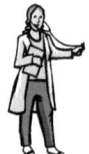

doctor

udokotela

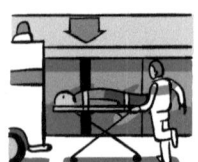

emergency room

igumbi leziguli ezidinga ukwelashwa okuphuthumayo

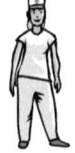

nurse

umhlengikazi

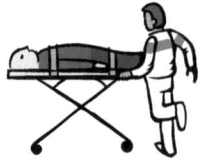

emergency

izimo eziphuthumayo

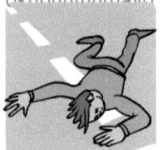

unconscious

ukuquleka

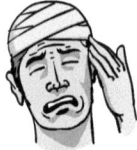

pain

ubuhlungu

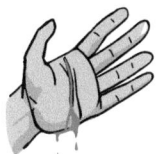

injury

ukulimala

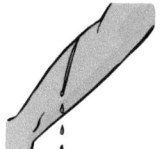

bleeding

ukopha

heart attack

isifo senhliziyo

stroke

ukushaywa unhlangothi

allergy

ukungazwani komzimba
nezinto ezithile

cough

ukukhwehlela

fever

imfiva

flu

umkhuhlane

diarrhoea

ukuhuda

headache

ukuphathwa ikhanda

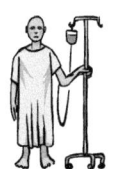

cancer

umdlavuza

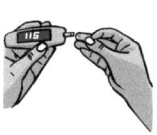

diabetes

isifo sikashukela

surgeon

udokotela ohlinzayo

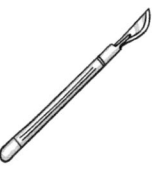

scalpel

isikalpheli

operation

ukuhlinzwa

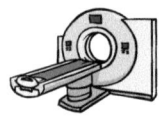

CT

CT

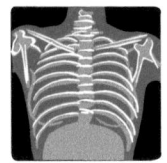

x-ray

i-x-ray

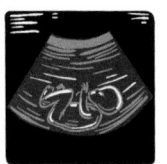

ultrasound

i-ultrasound

face mask

imaskhi yasebusweni

disease

isifo

waiting room

igumbi lokulinda

crutch

izinduko zokuhamba

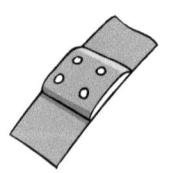

plaster

iplasta

bandage

ibhandishi

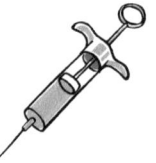

injection

umjovo

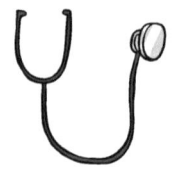

stethoscope

izipopolo zikadokotela

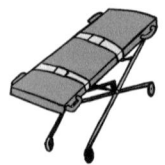

stretcher

i-stretcher

clinical thermometer

umshini okala izinga
lokushisa

birth

ukubeletha

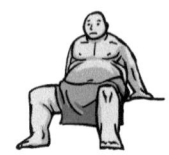

overweight

ukukhuluphala ngokweqile

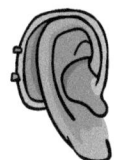

hearing aid

insizwa yokuzwa

disinfectant

ukungatheleleki

infection

ukutheleleka

virus

ivariyasi

HIV / AIDS

HIV / AIDS

medicine

umuthi

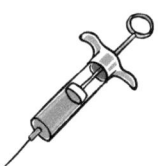

vaccination

umgomo

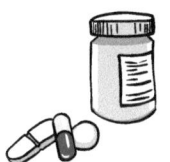

tablets

amaphilisi

pill

amaphilisi

emergency call

ucingo oluphuthumayo

blood pressure monitor

umshini okala umfutho wegazi

ill / healthy

ukugula / ukuba umqemane

Help!	alarm	assault
Sizani!	i-alamu	ukuhlasela

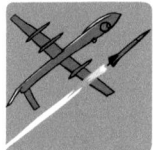

attack	danger	emergency exit
ukuhlasela	ingozi	indawo yokubalekela ngaphansi kwezimo eziphuthumayo

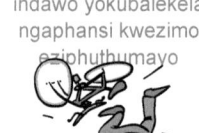

Fire!	fire extinguisher	accident
Umlimo!	isicimamlilo	ingozi

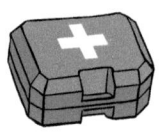

first-aid kit	SOS	police
ikhithi yosizo lokuqala	SOS	amaphoyisa

Europe

Europe

North America

North America

South America

South America

Africa

Africa

Asia

Asia

Australia

Australia

Atlantic

Atlantic

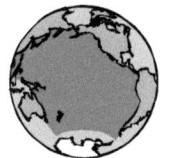

Pacific

Pacific

Indian Ocean

Indian Ocean

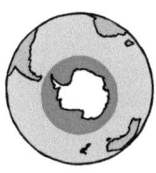

Antarctic Ocean

Antarctic Ocean

Arctic Ocean

Arctic Ocean

North Pole

North Pole

South Pole
South Pole

Antarctica
Antarctica

Earth
Umhlaba

land
umhlaba

sea
izilwandle

island
isiqhingi

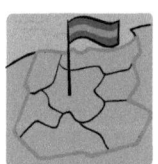

nation
izwe

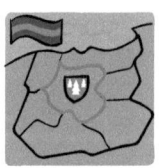

state
inhlangano engokomthetho

clock face

ubuso bewashi

hour hand

isandla sehora

minute hand

isandla semizuzu

second hand

isandla sesibili

What time is it?

Ubani isikhathi?

day

usuku

time

isikhathi

now

manje

digital watch

iwashi lezibalo

minute

umzuzu

hour

ihora

week
iviki

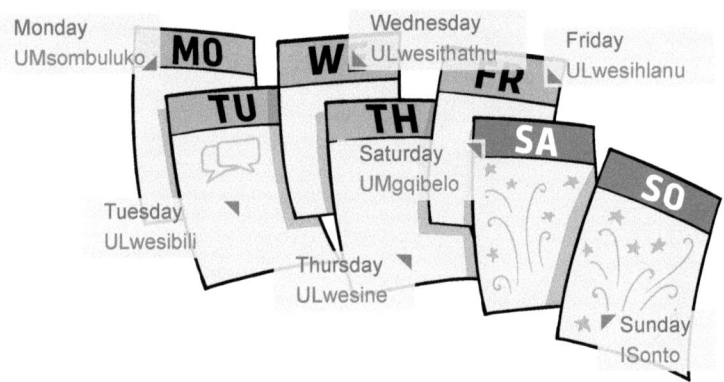

Monday
UMsombuluko

Wednesday
ULwesithathu

Friday
ULwesihlanu

Tuesday
ULwesibili

Thursday
ULwesine

Saturday
UMgqibelo

Sunday
ISonto

yesterday

izolo

today

namhlanje

tomorrow

kusasa

morning

ekuseni

noon

emini

evening

ntambama

business days

izinsuku zeviki

weekend

impelasonto

rain
imvula

rainbow
uthingo

snow
ukukhithika kweqhwa

wind
umoya

spring
ithwasahlobo

autumn
ikwindla

summer
ihlobo

winter
ubusika

4.APRIL	11°	☀
5.APRIL	4°	☁
6.APRIL	13°	☂
7.APRIL	8°	☀
8.APRIL	10°	☀

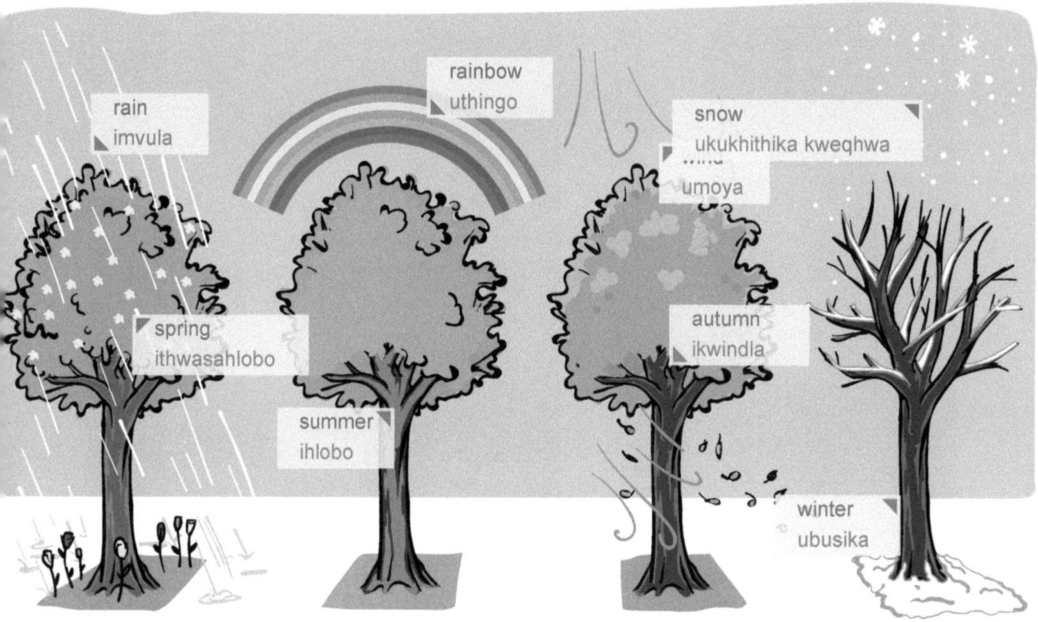

weather forecast

isimo sezulu

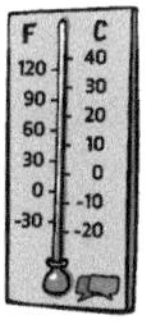

thermometer

umshini wezinga lokushisa

sunshine

ukushisa kwelanga

cloud

amafu

fog

inkungu

humidity

umswakama

lightning

ummbani

thunder

ukuduma kwezulu

storm

isiphepho

hail

isichotho

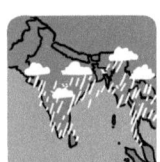

monsoon

imvula enkulu

flood

izikhukhula

ice

iqhwa

January

UMasingana

February

UNhlolanja

March

UNdasa

April

UMbasa

May

UNhlaba

June

UNhlangulana

July

UNtulikazi

August

UNcwaba

September
UMandulo

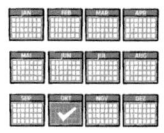

October
UMfumfu

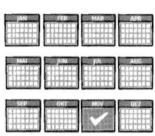

November
ULwezi

December
UZibandlela

shapes
amasheyphu

circle
indilinga

square
isikwele

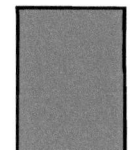

rectangle
unxande

triangle
unxantathu

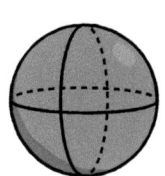

sphere
i-sphere

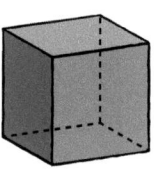

cube
i-cube

white
kumhlophe

yellow
kuphuzi

orange
ku-olenji

pink
kuphinki

red
kumbomvu

purple
kuphephuli

blue
kuluhlaza
okwesibhakabhaka

green
kuluhlaza

brown
kubhrawuni

grey
kuphashile

black
kumnyama

a lot / a little

kakhulu / kancane

angry / calm

ukucasuka / ubumnene

beautiful / ugly

ubuhle / ububi

beginning / end

isiqalo / isiphetho

big / small

kukhulu / kuncane

bright / dark

kuyakhanya / kumnyama

brother / sister

umfowethu / udadewethu

clean / dirty

ukuhlanzeka / ukungcola

complete / incomplete

ukuphelela / ukungapheleli

day / night

imini / ubusuku

dead / alive

ukufa / ukuphila

wide / narrow

ukuvuleka / ukunyinyeka

edible / inedible

okudliwayo / okungadliwa

evil / kind

ukukhohlakala / umusa

excited / bored

ukujabula / isithukuthezi

fat / thin

ukunona / ukuzaca

first / last

ukuqala / ukugcina

friend / enemy

umngane / isitha

full / empty

ukugcwala / ukuphela

hard / soft

ubunzima / ukuthamba

heavy / light

ukusinda / ukubalula

hunger / thirst

ukulamba / ukoma

ill / healthy

ukugula / ukuba umqemane

illegal / legal

ngokomthetho / okungekho
emthethweni

intelligent / stupid

ukuhlakanipha /
isiphukuphuku

left / right

isinxele / esokudla

near / far

eduze / kude

opposites - izinto ezingafani

new / used

kusha / sekusebenzile

nothing / something

utho / okuthile

old / young

okudala / okusha

on / off

vuliwe / kucishiwe

open / closed

vula / vala

quiet / loud

kuthulekile / kunomsindo

rich / poor

ukuceba / ubumpofu

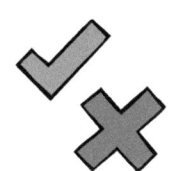

right / wrong

kulungile / akulungile

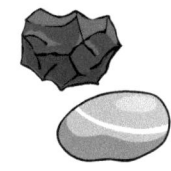

rough / smooth

kugadlazekile / kuyashelela

sad / happy

dabuka / jabula

short / long

kufishane / kude

slow / fast

kuyanensa / kuyashesha

wet / dry

ukuba manzi / ukoma

warm / cool

ukufudumala / ukuphola

war / peace

ukulwa / ukuthula

0

zero

uziro

1

one

kunye

2

two

kubili

3

three

kuthathu

4

four

kune

5

five

kuhlanu

6

six

isithupha

7

seven

isikhombisa

8

eight

isishiyagalombili

9

nine

isishiyagalolunye

10

ten

ishumi

11

eleven

ishumi nanye

12
twelve

ishumi nambili

13
thirteen

ishumi nantathu

14
fourteen

ishumi nane

15
fifteen

ishumi nanhlanu

16
sixteen

ishumi nesithupha

17
seventeen

ishumi nesikhombisa

18
eighteen

ishumi nesishiyagalombili

19
nineteen

ishumi nesishiyagalolunye

20
twenty

amashumi amabili

100
hundred

ikhulu

1.000
thousand

inkulungwane

1.000.000
million

izigidi

English

isiNgisi

American English

isiNgisi saseMelika

Chinese Mandarin

isiMandarin saseShayina

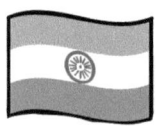

Hindi

isiHindi

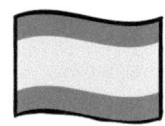

Spanish

iSpanishi

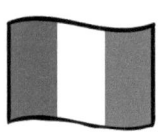

French

isiFulentshi

Arabic

isi-Arabhu

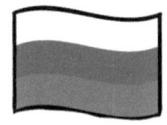

Russian

isiRashiya

Portuguese

isiPutukezi

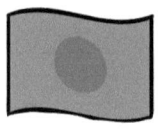

Bengali

isiBengali

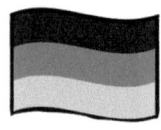

German

isiJalimane

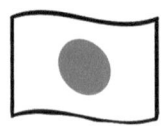

Japanese

isiJapane

I

Mina

you

wena

he / she / it

u / u / ku

we

thina

you

nina

they

bona

who?

ubani?

what?

ini?

how?

kanjani?

where?

kuphi?

when?

nini?

name

igama

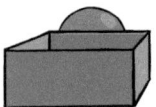

behind

ngemuva

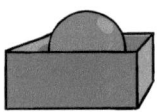

in

ngaphakathi

in front of

phambi kwe

over

phezulu

on

ngaphezulu

under

ngaphansi

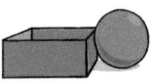

beside

eceleni

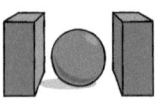

between

phakathi

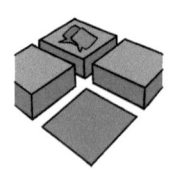

place

indawo